디나쓰(金明植)

사랑의 깊이

사랑의 깊이

다사함(金明植) 詩集

지은이 다사함(金明植)
펴낸이 박경훈
펴낸곳 도서출판 **각**

초판 인쇄 2011년 1월 15일
초판 발행 2010년 1월 20일

도서출판 **각**
주소 (690-800) 제주특별자치도 제주시 건입동 89번지
전화 064 · 725 · 4410
팩스 064 · 759 · 4410
홈페이지 www.gakbook.co.kr
등록번호 제80호
등록일 1999년 2월 3일

ISBN 978-89-6208-049-0 03810

값 10,000원

※ 잘못된 책은 바꾸어 드립니다.

⟨머릿글⟩

사랑의 깊이는 우주의 깊이이오니
흙의 깊이이고 바다의 깊이이오니

사랑의 깊이는 그대의 깊이이오니
나의 깊이이고 풀과 나무의 깊이 물의 깊이이고
하늘숨결의 깊이이오니

말의 깊이이고 글의 깊이이며
살아가는 오늘의 깊이이며 온몸 드리운 막일의 깊이이오니
눈빛의 깊이이고 불빛이란 모든 불빛
해 달 별들이 스스로 빛내는 그 불빛의 그윽한 깊이이오니…

하루하루 끊임없이 쉼 없이 지나가는 한날의 깊이이오니
믿음의 깊이이고

여기에 이 사랑의 깊이는 이 한 목숨의 깊이이오니
한 점 부끄럼 없이 살아가려는 모든 이웃네 그 사랑의 깊이이
오니

그대 물결 거세일지라도 사랑의 깊이는 고른 누리 짓는
하늘의 힘임을 믿으며

온 그대들이 나에게 베풀어 주시는 사랑의 깊이는
우주의 깊이이오니
한울의 깊이이오니

4344. 2011. 01. 10.
다사함 金明植 (두손 모음)

| 차 례 |

머릿글

제1부 선이골에서

복숭아 가지치기 · 13
아름답다 · 14
어떻게 사느냐고 물으면 · 15
선이골에 내리는 눈 · 16
그런 오솔길을 짓습니다 · 18
텅 빈 무밭에 서서 · 20
자라나는 꿈 · 21
첫집 · 22
아침밥상 앞에서 · 24
새옷을 입고서 · 26
논두렁 세우기 · 27
나 그대와 함께 · 28
들녘에 서서 · 30
따스함으로 · 31
소금절이 김치를 담근다 · 32

제2부 제물로 제물로

따슨 빛으로 따슨 볕으로 · 35
흐르는 물이듯이 · 36
흙빛 사랑으로 · 37
봄햇살 · 38
제물로 · 39

비 · 40
눈 덮인 골짜기에서 · 41
불이 목숨이듯이 · 42
깊은 샘 · 43
꽃철의 아름다움으로 · 44
아침햇살로 하늘이 내려와서는 · 45
산들바람 · 46
제물로 제물로 · 47

제3부 재가 되는 그리움으로

일렁이는 물결로 · 51
어느 결엔들 · 52
셈하지 아니하시고 · 53
더덜없는 그리움으로 · 54
겨울 햇빛 · 56
닫힘은 열림이오니 · 57
오늘도 또 오늘도 · 58
그리움에 젖어 · 59
틈새 없어라 · 60
다, 다, 다 · 61
재가 되는 그리움으로 · 62
더 바랄 것 없는 · 64

제4부 나는 오늘만 다 살으리라

나는 나라이니 · 67
흙이 되어 살으오리다 · 68
조임(죔)과 버림 · 69

國語만 있고 · 70
뜻을 찾아서 · 72
고요가 되어 · 73
티끌보다 더 가볍게 · 74
뉘우침은 · 75
나는 오늘만 다 살으리라 · 76
어느 자락에서 · 77
다 살아가면서 · 78
살아가면서 1 · 79
살아가면서 2 · 80
그날였으면 · 81

제5부 한울님은 하나님이시니

온몸으로 · 85
저녁 햇살 · 86
하늘기쁨으로 · 87
하늘채움의 문이 되어 · 88
사랑은 참이었느냐고 · 90
둘이 아니고 한몸인 것을 · 92
불로 타는 나무 · 94
하늘 씨올 1 · 96
하늘 씨올 2 · 97
하늘 씨올 3 · 98
봄비에 몸을 씻고 · 99
아뢰옵나니 · 100
하늘 모심자리 · 101

○ 산문   살아가면서 다시 나를 쓴다 · 103
○ 연보   詩人 다사함(金明植)이 걸어온 길 · 109

1
선이골에서

복숭아 가지치기

복숭아 가지치기를 한다
새봄을 펼치고
햇볕을 마중하면서
올가을로 영글어갈
우리네 살림살이를 그린다
선이골에서 함께 그려온

잎 진 그늘에서도 꿈이야 자라겠지만
햇볕 잘 드는 따슨 따앙 위에서
듬뿍 넘쳐도 좋은
그대와 나누었던 작은 사랑이야기도
함께 자라기를 바란다

복숭아 가지치기를 한다
끊임없이 나의 가지를 쳐내면서
꿈 많던 곁가지에서 움 돋아날
철 지난 삭은 허물의 딱지를 쳐낸다
뚝, 뚝, 뚝
따앙 아래로 떨어지는
지나친 바램에서 빈 하늘을 쳐낸다

아름답다

불그스레 불그스레
해뜰 녘 새쪽* 하늘이
아름답다

쯔쯔 짹 쯔쯔쯔 짹
봄 골짜기 산새들 소리가
아름답다

움트는 나무와 풀들이
가슴 열고서 사랑한다
아름답다

푸실푸실 녹아나는
햇볕 듬뿍 먹은 봄밭이
아름답다

봄볕에 제 몸 녹이는 무논이
하늘 펴내는 새싹들이
참 아름답다

*동쪽

어떻게 사느냐고 물으면

시들어버린 범부채 잎 위에는
진눈깨비가 쌓였다 녹는다
고요한 선이골에는
겨울안개가 짙게 덮였는데

누구나 살다가 숨 다하는 것을
모를 까닭 없겠지만

어떻게 사느냐고 물으면
나에게 주어진 길을 간다고

이곳에 온 일이 그러하고
날마다 숨쉬는 일이 그러하오니

오늘이 그러하듯
내일도 그러하리니

그리움으로 그대를
사랑 짙게 품어내는 일일 뿐

선이골에 내리는 눈

1.
선이골에 내리는 눈은
오솔길에 먼저 내리지 않는다 하네
산비탈에 먼저 내리지 않는다 하네

사람들은 말하나니
선이골에 내리는 눈은
사랑하는 사람을 기다리는
그리운 마음 밭에
먼저 내린다고

소복하게 내려 쌓아 논
눈무덤 속에서
소록소록 사랑은 자라는데
선이골에 내리는 눈은
사람들은 말하나니

그 사람 기다리는
그리운 마음속에
먼저 내린다고 하네

2.
선이골에 내리는 눈은
놉새바람에 흩날리지 않는다고
사람들은 말하나니
사랑하는 사람 기다리는 그만큼씩
쌓이고 쌓였다가
어느 봄날에 사랑하는 그 사람 오셨을 때
소리 없이 꼴도 없이
물이 되고 피가 된다 하네

선이골에 내리는 눈은
골바람 휘몰아 오는
이른 봄 어느 날에는
사랑하는 사람들 속삭임 알아듣고선
오신 님 기다리는 님 따슨 가슴속에 녹아서
소리 없이 꼴도 없이
흙이 되고 거름이 된다 하네

그런 오솔길을 짓습니다

지친 싸움 다시 없는
그런 집을 짓습니다

가진 것 더덜없이
나누며 살아도 좋은
그런 누리를 짓습니다

높은 자리 하나 없는
고른 나라를 짓습니다

스스로 배우고
스스로 가르치는
작은 배움터를 짓습니다

들뫼골 논밭에서 한껏 일하며
제 먹이 제가 마련하는
그런 일터를 짓습니다

너나없이 함께 살아도 좋은
느티나무 아름찬 마을에서
군침 돋우는 들나물 곁들인

따순 밥 고루 나눠 먹는
푸짐한 밥상을 짓습니다

누나야 오빠야 웃음꽃 피우며
잔칫날에는 누구나 다 와도 좋은
아이들이 춤추며 노니는
그런 마을을 짓습니다

이른 저녁노을에는
그대와 거친 손 마주 잡고서
땅거미 진 흙밭 위로
설레는 가슴 따습게
흠뿍 물먹은 풀들 맘껏 피어나는
거닐어도 좋은
그런 오솔길을 짓습니다

새벽이 오기까지는
새벽이 오기까지는

텅 빈 무밭에 서서

서리 내린 다음날에야
무를 뽑았다

가을 무밭이 휑하니
비었다

무 푸른 이파리를 엮는다
시래기로 횃줄에 걸쳐 놓는다

아이들의 손놀림이 빠르다
하아얗게 몸을 드리운 채
여름과 가을까지 햇살을 온몸에 담고서 살다가

이 겨울 집안 모퉁이 그늘에서
아스라이 피어나는
무 마른 잎은 제 맛을 키운다

또 하나의 다른 몸으로
제 몸을 탈바꿈한다
무시래기가 된장국이 되듯이
나도 새론 나로
다시 태어나야 함이리라

자라나는 꿈

몸 누일 곳 작은 구들방에서
아침해를 맞으니 좋구나
새들이 오늘 주신 하늘을 노래 부르고

골바람이 소슬거림으로
나뭇잎 땅 아래로 날려
춤인듯 날으니 좋구나

겨울 땔감을 하러 산을 오르고
작은 돌로 구르는 아이들이 있어서 좋구나

꿈을 머금고 살아가는 우리들로서는
산이 꿈이고 들이 꿈이고 골짜기가 꿈이니
꿈결엔 듯 날마다 자라나는 내가 좋구나

첫집

우리가 함께 지은
첫집은

꿈이 피는다
이 방은 내가…
이 방은 내가…

풀 죽은 둘째가
다락방에 매달렸던
굳은 마음을 풀어 내리면서

지난해 집을 나선
큰놈 몫으로
자리를 비워놓으라 속삭인다

여기 남은 아이들에게

사랑은 사랑은
여기 남은 이들의 몫이거니
하늘 그리운 사람
그 사람에게

빈자리 하나 비워둠이니

언제나
지친 몸 부려도 좋은…
첫집은 방 하나 비워두기로 했다
아, 모든 그대들의 몫으로…

아침밥상 앞에서

1.
새들도 잠들은
이 새벽에
문밖에 내리는 눈발을 받으며

아이들 고른 숨결
일그러지지 않게

쌀독을 어루만지며
흰쌀을 나른다 소복이 솥으로
좁쌀이며 보리쌀 거친 쌀을 모아서
밥을 짓는다

잘 익은 항아리를 열어
사각사각 김치를 건진다
질금질금 흘러내리는 김치국물에
군침이 돈다

김칫국을 끓인다
집안 가득 괴어드는
시큼털털 시큼털털

밥상 앞으로
어느 결에 모여 앉은 집안사람들
구겨진 얼굴 비비며
입부터 먼저다
숟가락 젓가락질은 누가 시키지 않아도
먼저다

새옷을 입고서

하루가 열림은
나에게
아름다움 내리시는 하루이니

더는 아무것도
바라지 말아야지

나에게 내리시는
이 아름다움으로
그대와 함께
삶의 먹이 삼아야지

잃어버릴 것 먼저 생각지 말아야지
잃어버린 것 사뭇 되찾으려 말아야지

여기까지 온 이 몸으로
아름다움으로 옷을 입고서
날마다
새날만 마중해야지

논두렁 세우기

어떻게 저 무너진 논두렁을
고쳐 세워야 하는가로
며칠 몇 날 괴로워하다가

제 손으로 고칠 수 있다면
얼마나 가슴 벅찬 일인가를
다듬으면서 마음속으로…

물찬 논에 들어가서
잔돌을 나르고 흙으로 둑을 세웠다
크낙케 세우지는 못했지만

모를 심고 물을 막아 둘 만큼은
훌륭하게 둑이 세워졌다
논두렁 바라보면서 튼튼한 슬기를 배운다

나 그대와 함께

나
마련된 대로
살으리라
이곳에서

나
갖춰진 대로
따르리라
이곳에서

나그네 슬픈 발걸음
함께 밟으며
지나온 길을

나
그대와 함께
빗길이면 빗길 따라
눈길이면 눈길 따라

나
달콤했던 꿈길을 따라

이 길을
함께 가리라

들녘에 서서

들녘에 서서
늦은 가을
시들어가는
풀꽃을 바라보면

내가 피어남을
내가 시들어감을
뒤물러 설 수 없는
나의 길임을 다시 배운다

늦은 가을 골짜기에 서서
바람에 팔락이는
노오랗게 물든 가을잎을 바라보면서

이 내 괴로움
이 내 사랑도
뒤물러 설 수 없는
나의 길임을 다시 배운다

따스함으로

아궁이에 불을 지핀다
구들방을 데운다
따스함으로
자라나는

우리들의 사랑 다하려고
그리움을 더하려고

더운 밥을 짓는다
맛난 국을 끓인다
그대 가슴에
이 내 가슴에
따스하게 보듬으려고

사랑은 그리움은
따스함으로
자라나는
불길인 것을

소금절이 김치를 담근다

배춧잎을 연다
한 잎 한 잎 사이에
소금을 뿌린다
가을해 듬뿍 받아낸
배춧잎 사이 사이에는
푸른 하늘맛 곱게 스며들었네

소금절이 김치를 담근다
빈 항아리 속으로 몸을 부리고 나면
꼴도 없이 사그라졌다가
눈 내리는 선이골 이웃들에게
하얀 알몸 제 맛깔로
온 삶을 부려놓는다

포기채로 다시 태어난
소금절이 김치는
사각 사각 숨죽인 그만큼씩
밥 모심자리에서 남김없이
제 몸을 다 비운다

2
제물로 제물로

따슨 빛으로 따슨 볕으로

돌이 흙이 되기까지는
바람과 비
눈과 서리를
견뎌야 합니다

이 몸이 사랑으로
더욱 영글어지기까지는
손가락질 받음에
눈 돌려서는 아니됩니다

쇠발의 짓밟힘 앞에서
이 한 목숨 사랑의 몸으로
더욱 다듬어지기까지는
흩어진 살점들 한데 모아져야 합니다
살 점점이 한몸으로 익어가야 합니다

온누리가 한울로 빛나기까지는
스스로 돌면서
이웃들 앞에서
부드런 사랑의 바퀴로
돌아가야 합니다

흐르는 물이듯이

흐르는 물이 결코 얼지 않듯이
흘러야 합니다 거침없이
여울이 그러하듯이
사랑도 쉬임없이 흘러야 합니다

보이듯이 아니 보이듯이
냇물로 흘러 흘러서
가람으로
흙속 깊이에서
마른 땅을 적셔 적셔
씨앗을 길러내듯이

보이듯이 아니 보이듯이
살 속에서 핏줄 안에서
메마른 가슴을 적셔 적셔서
타는 마음 적셔서 촉촉하게
사랑은 흘러야 합니다

흙빛 사랑으로

이 살갗이 흙빛으로
빛나기까지는
아, 저 흙이 말해주는
이야기를 들을 수 있는
그날까지는
흙으로 다시 살아가려고
마음 다짐해야 한다

이 마음이 흙빛으로
다져지기까지는
저 흙이 내쉬는 긴긴 숨과 함께
아, 이내 들숨 날숨이
한곳으로 모아져야 한다

흙빛 사랑으로 우리를 지키려고 할진대
흙에서 낳고 흙에서 살다가
흙으로 되돌아가야 하는
믿음으로

이 따앙 위에서 아낌없이 살아가야 한다
이 따앙 위에서 아낌없이 살아가야 한다

봄햇살

봄햇살이 곱다
따숩게
내리시는 한울님이시니

봄햇살은
온누리로 내리시는
사랑이시니

사랑이 나를 살리는
한울님이듯이
봄햇살이 가깝다

봄햇살이 따숩다
사랑이 가까이에 있듯이
하늘이 여기에서 살듯이

제물*로

바람 불면 바람이 되어
비가 내리면 비가 되어

아, 눈이 내린다
눈이 되어 하얗게 살아도 좋으련

서리가 내리면 서리가 되고
안개 짙어지면 짙은 안개가 되리라

*자연(自然)

비

비는 참빛을 이룸이오니
비는 참물을 이룸이오니

참빛으로 살으라 하네
참물로서 살으라 하네

땅속 흙으로 내리시는
참빛은 사랑이시고
참물은 사랑이시니

이 몸에서 빛이 되시고
이 살에서 물이 되시니

비는 참빛을 이룸이오니
비는 참물을 이룸이오니

눈 덮인 골짜기에서

눈 덮인 골짜기에서
새벽길 위로
맨발이 되어도 좋은
뜨거움으로
땔감을 나른다

온누리 따습게 지을
아궁이 가득
사랑을 겹겹으로 쌓는다

눈 덮인 골짜기에서
새벽길 위로
오, 따슨 몸김을 뿌리며

맨몸이 되어도 좋은
사랑으로

골짜기를 달군다
그대 따슨 몸김 끌어안고서

불이 목숨이듯이

저토록 얼어붙은 땅에서
새봄에 씨앗이 돋아나고
풀나무 목숨 붙은 모든 것들이
되살아남은

겨울은 불을 만드는 철이라 하니
눈보라 앞에서도
떨지 않음은
나무들이 비탈에 선 채로

불을 끌어올리고 있기 때문이리라
불이 목숨이듯이
그대는 나에게
따순 가슴으로
나를 키우는 불이시니

빛나라 한다
피어나라 한다
불로
불꽃으로

깊은 샘

다 알 수 없는 깊이
그 깊이로
사랑은 뿌려진 그 자리에서
그 만큼씩만 자란다 합니다

다 퍼낼 수 없는 넓이
그 넓이로
사랑은 품을 수 있는 그 가슴 안에서
그 만큼씩만 자란다 합니다

다 잴 수 없는 높이
그 높이로
사랑은 자랄 수 있는 그 크기로
그 만큼씩만 높아진다 합니다

사랑은 다 끌어당길 수 없는 길이
따슨 손길로
끌어당기는 그 만큼씩만
따라서 솟아난다 합니다

꽃철의 아름다움으로

따사롭게 퍼져나는
꽃철의 깊이를 느낀다
산벚이 한껏 피어나서
새들은 꽃춤을 추는다

꽃길 따라서
골짜기 오르내리며
세잎해맞이꽃들이
길잡이 되어주시는 듯이
아름다워라
골짜기 아래로 흐르는
물줄기의 노래는
하늘가로 흘러내린다

따사롭게 살고자는
꽃철의 아름다움으로
오늘은 어김없이
단호박씨를 심어야 하는다

아침햇살로 하늘이 내려와서는

푸르다 들뫼골 가득
푸르름의 바다 위에서
하늘이 내려와서는
기쁨을 노래 부르네
온몸으로 춤을 춘다네
즐겨 즐겨 푸르른 잎새 위에서

푸르다 들뫼골 넘쳐
빛나는 아침햇살이 사랑으로
하늘하늘 온누리서 빛난다
온몸 달궈서 따습게
따슨 가슴을 짓는다
한껏 푸르른 잎새 위에서

하늘이 내려와서는

들뫼골 흠뻑 푸른 햇살을 짓는다
온누리 가득 넘친다
하늘 논밭으로 제 몸을 뿌리네
씨알로 씨알로
가득 넘쳐나는 빛알로…

산들바람

나뭇가지를 흔들어
온 잎에 결을 일으킵니다
보릿대를 일깨워
푸른 결로 하여금 보리밭을
온통 출렁이게 합니다

산들바람은
풀잎을 앞세워
산들산들
낮은 오름으로 솟아나게 합니다
들녘으로 넓어지게 합니다

산들바람은
거친 가슴에
다소곳이 내리시어
한 잎 한 잎 꽃잎으로 일어나라 합니다

제물로 제물로

다 살았다 하자
다 이뤘다 하자
더 없어라 하자
더디 간들 어쩌랴
빨리 간들 뭐드냐

하나의 별이듯이
빛나다 사그라지는
이 길은 아름다워라
이 삶은 보람되어라

다 가졌다 하자
다 쓰었다 하자
더 바램 없어라

더디 핀들 어쩌랴
빨리 진들 어쩌랴

살아가면서
모두 다 제물인 것을

3
재가 되는 그리움으로

일렁이는 물결로

물결로 출렁이시고
님께서는
꿈결에도 나를
일으키시니

살결에 와 닿음으로
사랑은
무르익어서

숨결로 고요로와져
아무도 없는
이 자리에서 함께 하시는
님께서는

살결로 굽이치시며
일렁이는 물결로 넘실거리시니

어느 결엔들

어느 결엔들
잊으랴

그대 가녀린 손길이
힘차게 나를
붙들고 있음을

어느 결엔들
다른 곳으로
눈 돌릴 겨를 없어라

그대 다슨 가슴이
더운 피로 나를
감싸고 있음에

어느 결엔들
잊으랴

그대 환한 웃음에
누리는 환해져
거침없이 걸어갈 수 있음을

셈하지 아니하시고

그대는 나를
목소리로 부르지 아니하시고
몸으로
부르십니다

나의 물음에
머리로 셈하지 아니하시고
가슴으로
열어놓습니다

텅 빈 넉넉함으로
그저 다 퍼내 놓고는
그대는 나에게
이 몸이 여기에 다
하늘로 풀어 놓습니다

온 하늘입니다
그대는
나에게

더덜없는 그리움으로

남은 숨
한결같이
살아가리라

이 걸음으로

결하늘가 산마루에 걸린
샛별에게 손가락을 건다

더는 바랄 것 없는
그윽함으로
남김없이 그대를
사랑해야 한다

남은 숨
한결같이
다하여야겠다

이 숨결로
더덜없는 그리움으로

사랑하리라
남김없이
나 그대를…

겨울 햇빛

눈밭 위에로 내리시는
겨울 햇빛은
당신의 거룩한 말씀입니다

따습게 내리시는
드맑게 퍼뜨리시는

골짜기마다 그득 넘치시는
겨울 햇빛은
당신의 한없으신 마음입니다

아픈 가슴 어루만지시는
슬픈 살결 풀어내시는

아, 겨울 햇빛은
당신의 길이옵니다
사슬 넘어 걸어가시는
막힘 거쳐 걸어가시는

닫힘은 열림이오니

그대가 나에게로
열려 있음은
그대에게로 닫혀 있음이오니

내가 그대에게로
닫혀 있음은
그대가 나에게로
열려 있음이오니

그대는 우주로 열려 있고
나는 그대에게
우주로 닫혀 있습니다

열림이 닫힘이고
닫힘이 열림으로
한몸 이룸은

내가 그대에게
그대가 나에게는
한울이기 때문이로소이다

오늘도 또 오늘도

믿음이 깊을수록
웃음이 깊고 넓다네

사랑이 깊을수록
마음이 깊고 부드럽다네

그리움 깊을수록
기다림이 오래일지라도

님께서 오시는 길
마중함이 곱고

님께서 하시는 일
떠받듦이 힘겨울지라도
견디는 힘이 세다네
잊을 수 없는
그 말 한마디 믿음으로 지켜온
오늘도 또 오늘도
님과 함께 웃는 그 웃음이
그토록 그윽함이여!

그리움에 젖어

그리움은 사랑의 씨입니다
사랑은 그리움의 알입니다

그리움으로 사랑으로
사랑은 한몸을 이루나니

사랑함으로 그리워하고
그리워함으로 사랑하나니

더 퍼낼 수 없는
안타까움으로
오늘은 그리움만으로
사랑을 심는다

다 피워낼 수 없는
사랑으로
그리움에 젖어
사뭇 가슴 저민다
춥디추운 겨울밤을 이겨내듯이

틈새 없어라

이제, 마지막 숨결로
나는 그대를
사랑함에랴

이제 마지막 따스함으로
나는 그대를
가슴에 품는다

이제 마지막 말 한 마디로
나는 그대를
믿음으로 산다

이제 마지막 때를
맨 처음의 때로 끌어당기면서
틈새 없어라

나 예서
그대를 사랑함은…

다, 다, 다

다 주고
다 받아
다 살아가는 것

사랑은 다 줌에서 자라고
사랑은 다 받음에서 알차나니

두려울 것 다 두려워하고
무서울 것 다 무서워한 다음에

두려워할 것 없는 그리움으로
무서울 것 없는 맨몸으로

그대에게 나를 다 주었고
그대가 나에게 다 주었으니

이제 우리가 다 받음으로
가득 채워졌어라

재가 되는 그리움으로

고요 속에
깊이가 있고
깊이 속에서
사랑은 자란다 하네

그대여!
사랑을 하려거든
고요한 깊이를 짚어보라
그대 속에서

믿음이 가지 않거든
돌아서
새 길을 찾으라
그 길도 사랑함이라 하네

그대여!
물러섬도 앞으로 나아감이니
고요 속에
그리움이 있고

그리움은 거름이거니

사랑을 키우는
재가 되는 그리움은
씻은 듯이 맑은

더 바랄 것 없는

더 바랄 것 없는
그윽함으로
웃음만 남기고
그대와 함께
아스라이 지워져도 좋겠다

물을 것 더 없이
온몸으로 살아온 그대로
그대와 함께
뒤돌아봄 없이
아스라이 사그라져도 좋겠다

탓할 것 아무것도 없네
나무랄 것 꾸중할 것 없네
더 바랄 것 없는
사랑의 깊이만큼씩
오늘은 그대와 함께

4

나는 오늘만 다 살으리라

나는 나라이니

내가 나에게
올바를 때
나는 그만큼만 올바르게 되나니

내가 나에게
고른 살림살이 할 때
나는 그만큼만 평화롭게 되나니

내가 나에게
고르게 될 때
온누리의 모든 나는 고르게 되나니

내가 나에게
참으로 아름다울 때
우리네 둘레의 모든 나는
더욱 아름답게 되나니

내가 그만큼씩
그대를 사랑함으로
나는 더욱 아름다움으로
그대와 함께 넓어지리니

흙이 되어 살으오리다

이 길이 사랑의 길이오면
님께서 가셨듯이
이 길 사랑으로 가오리다

이 길이 믿음의 길이오면
님께서 믿음으로 살았듯이
믿음으로 살으오리다

이 길이 사랑의 길이오면
님께서 사랑으로 불태웠듯이
제물로 제 몸을
이 한 목숨 불태우리다

님께서 한줌의 재가 되어
흙이 되었듯이
나 예서 기름진 흙이 되어
님의 씨앗 키우며 살으오리다

조임(죔)과 버림

죄란 죄다 조이다 조임입니다
벌은 버리다 내(다)버리다 버림입니다

조임 없는 삶이야말로
다푼(다 풀린) 삶이지요
버림 없는(버림받음 없는) 삶이야말로
다한(다함께) 삶이지요

쪼들림 없는 삶이야말로
죔(죄)없는 삶이지요
내버림 없는 삶이야말로
못함 없는 삶이지요

조임과 버림을 넘어서
다 풀린 살림살이로
다 함께 하는 살림살이로
나아갈 그때를 바라보면서

사랑은 조임도 버림도 없는
다푼삶 다한 삶이랍니다
그대여!

國語만 있고

없다
초등국어사전에는
우리말도
우리글도

서글픔보다는
서러움이다

우리말 우리글 가르치시는
국어 선생님들은 많다
우리말 우리글 가르치시는
「가르치미」는 없다

이 내 어버이 땅에서
날 센 톱날로 잘라내면
말없이 피 뿜으며
스러지는

우리말 우리글

초등국어사전에는

우리말도
우리글도
없다
國語만이 있다

뜻을 찾아서

나는 살아있음의 뜻을 찾아가는 사람입니다
뜻을 찾아버린 사람이 아닙니다
결코,
뜻을 찾았다 하는
그때에 나는 멈춘 사람-죽은 사람이 됩니다

나는 죽는 그날까지는
살아있음의 뜻을 찾아가는 사람으로
한 걸음 더 밝고 맑으며
아름답다고 여겨집니다

이 한 목숨 다하는 그날까지는
찾아나서려 합니다
살아있음의 뜻을…

살아있음의 뜻이야 바로 한울 뜻이겠지요마는

고요가 되어

이 고요가 이 몸 바로 세울
배움터가 되게 하소서

몸 씻고 티를 씻어
맘 씻고 때를 씻어

정갈한 몸으로
드맑은 맘으로

그대 앞에서
티 없는 씨가 되게 하소서
때 없는 알이 되게 하소서

이 고요가 그대 앞으로 나아갈
뱃길 되게 하소서

그대 두렴 없이
노 저어가도 좋은

뭉클한 가슴 뿌리며
다 뿌려도 좋은
낮은 자리가 되게 하소서

티끌보다 더 가볍게

뒤돌아 볼 것 하나 없이
티끌보다 더 가볍게
살아야겠다

스쳐 지나가는 바람결에도
우주의 깊이를 잴 수 있었으면

무엇 하나 남겨둘 것 없이
하루만 살아가는 이 발걸음이
무슨 까닭이 있어서도
아픔이 되지 않기를 바라노라

하늘이 열림을 배우고 나서
티끌보다 더 가볍게
앞서야겠다

뉘우침은

뒤를 되돌아봄은
아름답다

뉘우침으로

뉘우침은 앞으로 가려는
노 젓기일 때

멈춤이 되어서는 아니 되지
소금기둥이 되어서는 아니 되지

뉘우침이니 뒤를 되돌아봄은

한바다로 떠나려는
새로운 발걸음인 것을

롯의 아내에게서
배울 일이다

뉘우침은 거룩하다
힘찬 노 젓기가 될 때

나는 오늘만 다 살으리라

새집으로 살림집을 옮기고 나서
그대에 물었지
그대여 앞으로
그대는 무엇을 하며
어떻게 살겠느냐고…
아무것도 나는 할 수 없어요
나는…
오늘만 다 살으리라
그리 생각하는데요
웃으며 다짐하듯
가슴에 되새기더이다
새집으로 마음을 다 풀어 놓고 나서
무엇이 그리도 두려우냐고
그대에게 물었지
무서운 것 두려운 것 아무것도 없지만
나는
내가 이 아이들과 함께 살아갈 수 있을까가
까닭 없이 두렵고 무섭기까지 하네요
웃으며 사랑빛 말문을 닫으시더이다

어느 자락에서

저 밤하늘의 별들을 바라보면서

나는
별빛이고자 한다
그대가 언제나
바라볼 수 있는
어디에서나
나는 빛나고자 한다
어두운 누리 어느 자락에서
이름 없는 별빛으로

그대가 언제나 지켜볼 수 있는 어디에서나

다 살아가면서

가져라
가질 테면
조각 아니라
온누리를

가질 테면
앞이나 뒤
끄트머리 아니라
온몸을
온님을 가져라

가짐은 다 가짐으로만
다 버릴 수 있나니
다 채움으로 가질 것 더는
없음이야 다 가짐이니

살아가면서 1

남을 탓하면서부터
나는 나를 잊었어라

탓은 탈이고
탈은 아픔이거니
탓이야 아픔인 것을

남을 탓하면서부터
나는 나를 감추었어라

탓은 탈이고
탈은 감춤인 것을

살아가면서
남의 탓은 없어라
나의 탈만 있어서

살아가면서 2

있는 것은
있는 것이고

없는 것은
없는 것이니

있는 것에 매이지 말고
없는 것에 매이지 말라

있음으로 가득 채우고
없음으로 몽땅 비워라

참이 하나이고
빔이 하나인 것을

있는 것은 있고
없는 것은 없다

그날였으면

남김없이 나 홀로
그대의 품속에서
따스함으로
이 한 목숨 다 마감해도 좋은
오늘은
그날였으면

남김없이 나 홀로
품을 것 다 품고 나서
더 바랄 것 없는
깊이와 넓이로
이 한 목숨 다 마감해도 좋은
그날였으면

5
한울님은 하나님이시니

온몸으로

사랑의 깊이만큼씩
온누리에 고른 삶은
넉넉해진다

사랑의 넓이만큼씩
너른 가슴에
따스함 피어나고

사랑의 높이만큼씩
이웃들의 눈빛은
더욱 맑아지겠다

사랑의 둘레만큼씩
너와 나는 함께 살아도 좋은
다 빛나는 온마음이 된다

사랑의 깊이만큼씩
우리들의 깊이는
하늘의 별들을 헤일 줄 안다
아, 사랑의 깊이만큼씩

저녁 햇살

햇살을 그리워함은
하늘을 그리워함이니

햇살 틈새에는
사랑으로 움트는
하늘이 계심이라

저녁 햇살을 더욱 그리워함은
그대 따슨 가슴이
나를 덮어주기 때문이리라

저녁 햇살처럼
그대 따슨 웃음이
구겨진 이 삶을 펴게 하기 때문이리라

하늘기쁨으로

태어남이야
누구에게나
하늘기쁨여야 하듯이

살아 있음이야
살아 숨쉬는 것이야
누구에게나
하늘기쁨여야 하듯이

살다가 되돌아가는
죽음이 또한
누구에게나
하늘기쁨여야 하듯이

맨 첨의 그리움도
맨 첨의 사랑함도
맨 첨의 사무침도
누구에게나
가슴 저미는
하늘기쁨여야 하듯이

하늘채움의 문이 되어

내려놓음에서
자란다

다 떨어짐에서
비롯되니

다 비워낸
텅 빈 자리에서
나는
살아나는다

텅 비움은
하늘 채움이니
다 참으로
다 채움으로

나는
하늘이 되는다

다 비움은
하늘열림이오니

사랑은 하늘채움의
문이라커니

사랑은 참이었느냐고

기계로 찍은
그림 속에 박혀 있는 너는 나는
네가 아니지
나도 아니지

이 땅 위에서
두 발로 걸어가는 너는 나는
먹이를 찾고
몸 부릴 곳 찾아도
찾을 수 없는 너는 나는

노래 속의 너는 나는
핏대 올리며 주접떠는
저 거룩한 사람들 앞에서
그 말소리를 듣는 너는 나는

네가 아니지
나도 아니지

사랑은 참이었느냐고
도대체 너는 나는

무엇을 찾아서
여기까지 왔는지
한 번쯤은 물어 볼 일이지

둘이 아니고 한몸인 것을

모든 사랑은 한울님이다
참으로 참으로

사랑은 짝으로 지어가는
한울 짓는 몸부림인 것을

이 한쪽의 웃음이
저 다른 한쪽의 슬픔을 낳을 때

나의 웃음조차도
슬픔인 것을…

이 한쪽의 이김도 없다
저 한쪽의 지는 일도 없다

둘 다 짐이거나
둘 다 이김일 뿐

모든 사랑은
둘 다의 웃음이어야 한다

사랑은 짝으로 지어가는
한올 짓는 몸부림인 것을

불로 타는 나무

불로 타는 나무야!
삭은 나무야!

말없이 소리도 없이
자욱도 없어라

부디 타내는 일로
제 일 다 하는
제 길 다 가는
제 삶 다 사는

불로 타는 나무야!
빛으로 타는
따사함으로 타는
목숨 건 사랑이여!

어디 그 일보다 더 고운
한울지음 있으리오만
쉬이 타든
더디 타든
사랑은 불로 타는

삭는 일인 것을

불로 타는 나무야
재로 남은 다음에
다시 거름되는
사랑은

하늘 씨올 1

씨앗을 기름진 땅에 심는다
거름을 주고
따슨 손으로
돌보아주고
보살펴주고

사랑을 기름진 땅에 심는다
거름을 주고
따슨 손으로
어루만져주고
따슨 가슴으로 품어주고

한없는 바라봄으로
싹을 트게
움을 돋게
눈을 열게

키워지는 것
키워지는 것
사랑의 씨앗은

하늘 씨올 2

씨앗은 작고
여리며
보잘것없으나

자라고
자라서
너른 숲이 되고
높은 나무가 된다

사랑의 씨앗은
자라나게 하는 만큼
자라서
하늘이 된다

하늘사랑으로
하늘사랑으로

사랑은 자라나는
하늘씨앗인 것을

하늘 씨올 3

자라지 않으면
자라지 않으면
씨앗이겠나

사랑이 자라나지 못하면
사랑이 자라나지 않으면
사랑이겠나

사랑은 씨앗이나니
씨앗은 사랑이나니

사랑은 씨앗의
살림살이인 것을

제물로 고른 살림살이
다 이루는
사랑은 씨앗인 것을

봄비에 몸을 씻고

지난밤 봄비에
몸을 씻은 나무들은
눈부시게
푸르르다

구름 사이로 내비치는
아침 햇살은
풀나무 흙밭에서
살으시는 한울님이시니

지난밤 봄비에
촉촉하게 몸 풀고 나선
맨살 흙밭은
우리들에게는
한울님 내리심이니

겁낼 것도 두려워할 것도 없는
넉넉한 한울님과 함께
살아감이니 봄비 머금고
씻은 듯이 맑은 몸으로
이 한 마음으로…
이 한 사랑으로…

아뢰옵나니

빚진 삶이 아니오라
사랑하게 하소서

이웃을 한울로

제물로 살아서
제물로 사그라지게 하소서

있는 일 있다 하게 하시고
참된 일 참되다 하오리니

덧붙인 삶이 아니오라
사랑하게 하소서

이웃을 한울로

오늘은 오늘로 다 살아지고
이 밤을 이 밤으로 다 살아지게 하소서

아뢰옵니다 한울님께-
아뢰옵니다 한울님께-

하늘 모심자리

줄 것 다 주고 나면
받을 것 다 받게 된다

줄 것도 없는
받을 것도 없는
빈 몸으로

가을잎으로 지고 나면
썩을 것 다 썩어져서
온 그 자리에서
한 줌의 흙이 되어

빈 몸으로
빈자리 메우는
온 땅이 된다
하늘모심자리가 된다

사랑의 깊이만 재는

● 산문

살아가면서 다시 나를 쓴다

　살아가면서 많은 것을 배웠다. 또한 그 깊이를 깨달으면서 도시 생활을 접고 선이골에 몸을 부린 지도 어느덧 열두 해가 되었다. 어렸을 적 제주도 하귀리 미수동에 살면서 바닷가에서 우럭이며 졸락, 고생이…를 낚고, 구젱기, 구살, 오븐제기…를 잡던 시절이 엊그제 같은데, 벌써 생의 한바퀴를 돌았다는 환갑을 훨씬 넘겨 버렸다.
　고향의 바다가 그립고, 친구들과 함께 재잘거리며 놀던 옛 추억이 사뭇 그립다. 나 태어난 그곳에서 오래오래 써왔던 탐라어를 그리워하면서도 단 한번도 근대화의 굴레-흐름에서 벗어날 수 없었고, 결코 뛰어 내릴 수도 없이… 그저 힘겹게 한 생을 다 보냈다 해도 지나친 말은 아니리라.
　어쩌면 울림글-시詩를 쓴 지도… 중학교 시절부터이니…. 그저 울림글묶음-시집詩集으로 출간된 것만 해도… 여러 권…. 우리말 우리글의 얼과 뜻도 모르면서 형식만 쫓아 써왔고, 또 써왔던 부끄러움… 역사 앞에서 부끄럽지 않게 살아보려고 제주4·

3의 진실규명에 몸부림치면서… 겨레의 하나됨과 이 땅의 민주화에… 또한 제3세계의 역사와 문화이해… 그리고 여지껏 디아스포라의 신세를 면치 못한 채 통한의 세월을 살아가는 재일동포의 해방을 외면할 수 없어서… 안간힘을 썼던 일… 등등을 되돌아보면서… 끝내 지켜야 할 우리말·우리글-한글의 얼과 뜻을 바르게 찾는 일과 똑같은 맥에서 울림글-시詩의 깊이를 가늠하는 일은 다름아닌 제물(자연)에서 찾아야 한다는 깨달음을 얻으면서 또 한번의 생(生)의 선회를 하게 된 것이 바로 선이골(강원도 화천군 상서면 노동리 두메산골)에서 놀멍쉬멍 간세다리의 살림살이라고 하겠다.

이렇게 『사랑의 깊이』라는 울림글묶음(시집)의 밑바닥에서는 제물(자연)의 깊이가 꿈틀거리고 있음을 새삼 깨닫게 된다. 이제 여기에 내가 서 있는 이 땅이 사랑의 깊이이고, 보드란 흙 한 줌에 엉켜 있는 저 헤아릴 수 없이 많은 미생물들의 살림살이가 바로 사랑의 깊이인 것을 배우게 된다. 저토록 곱디 곱게… 물들어가는 가을 붉은 잎에는 봄과 여름 내내 하늘이 내려 주신 햇빛이 스며들어 있음을 알게 된다. 사랑의 깊이는 골짜기 아래로 아래로 흘러내리는 물줄기 사이에서 오늘도 속삭이고 있으며, 영글어가는 들녘의 이삭들-한 알 한 알의 씨알에서 살아 움직이고 있음을 깨닫는다.

선이골에서 영하 20℃를 오르내리는 한겨울… 어느 날, 골짜기는 온통 꽁꽁 얼어버렸다. 산 아래 연못에서 받아 먹는 물과 물호수까지도 다 얼어버렸다. 나는, 허탈하게 얼어버린 물호수를 부여잡고, 울고 싶도록 하늘을 원망하면서… 어떻게 하면…

물을 나오게 할 수 있을까…를, 궁리 궁리 하고 있었다. 시간이 많이 흘렀다. 아무 대답도 찾지 못했다. 물이 흘러내려오지 않으면 당장 일곱 식구의 저녁밥… 아침밥은… 알 수 없는 두려움에 사로잡히기 시작했다. 도시 생활을 접고 이곳 '선이골'에 온 지도 몇 해가 지났고, 꽤나 자연생활에 익숙해졌다고 자신하고 있을 즈음인데도 말이다.

시간이 지나면서 이제는 허탈을 넘어… 허망하고 멍청하게 물호수의 꼭지만 매만지고 있었다. 바로 그때였다. 막내아이(9살짜리)가 나에게로 왔다.

막내: "아버지, 뭐하고 계셔요?"
나: "야, 이 녀석아. 물이 안 나와서… 으으." 원망어린 말투로 혀를 찼다.
막내: "아버지, 걱정하지 마세요. 저기 물이 있짜나요."
나: "으으, 어디-."
막내: "저기요, 저기. 저 또랑에…요."

나는 손에 잡았던 물호수를 내던지고 또랑으로 갔다. 30cm 두께의 얼음장 아래에서 산물이 거침없이 골짜기 아래로 흘러내리고 있음을 보았다. '아! 이것이로구나.' 하고 탄성을 질렀다. 솟구치는 깨우침! 그 해 겨울… 내내… 온 식구가 물그릇을 들고 아침마다 물을 나르면서 하얗게 토해내는 입김으로 추위를 달래며 아무 걱정도 염려도 없는 겨울축제를 벌였던 것이다.

막내아이는 이미 온 몸으로 제물(자연)의 살림살이를 터득했던 것이고, 육십이 넘은 '나'는 근대화-기계 장치의 굴레에서 여태껏 벗어나지를 못했던 것이다. 아, 얼마나 슬픈 일이었던가! 그 일(사건)을 계기로 해서 '나'는 생득적으로 제물(자연)의 깊이를 터득하게 되었던 것이다. 하늘이 내려 주신 제물(자연)에는 모든 생명체들이 살아갈 수 있는 길이 이미 마련되어 있으며, 벌써 모든 대답을 간직해 두고 있다는 사실과 진실을 깨닫게 되었다.

여기에 이렇게 묶여진 『사랑의 깊이』는 제물(자연)의 깊이를 노래함이요, 제물(자연)의 깊이에는 자본주의와 사회주의, 과학과 경제, 정치와 문화, 종교와 문예, 모든 교육적 장치를 뛰어넘어서 우주 안에서 살아가고 있는 모든 생명체들이 더불어 함께 살아갈 수 있는 '평화의 깊이'와 '사랑의 깊이'가 또렷하게 아로새겨져 있다는 사실을 믿게 된다. 이쯤해서 '나'는 제물(자연) 살림살이야말로 21세기를 살아가는 우리 모두에게 '구원의 길'이 된다는 사실을 힘주어 말하고 싶다.

수수 한 알갱이에서, 조 한 알에서, 들깨나 참깨의 작디작은 씨알에서, 벼와 보리, 밀과 콩, 무와 배추, 감자와 고구마, 고추와 면화(목화)… 씨앗이란 모든 씨앗, 잎이란 모든 잎, 나무란 모든 나무, 나물이란 모든 나물, 산과 들, 오름과 골짜기, 강과 내, 흙과 돌, 바람과 눈, 비와 이슬, 서리와 진눈깨비, 벌레와 짐승… 구름과 안개, 해와 달, 별들이란 모든 별들… 이 모든 것들은 하나도 예외 없이 우리들에게 '평화의 나라'와 '사랑의 깊이'를 가르쳐주시는 평화의 선생님들이시고, 사랑의 배움터이며, 아름다운 우리네 모국(어머니나라)이며, 사랑의 교회이고, 사랑의 복음이면서 우리 모두에게 풍요한 삶의 길로 인도하시는 교과서…

라는 사실을 알게 되었다.

  모든 생명체에게 있어서 제물(자연)의 깊이는 사랑의 깊이이며, 하늘의 깊이, 우주의 깊이임을 새삼 깨달으면서 오늘도 '나'는 이곳 '선이골'에서 산다.

  우리가 이웃사람을 사랑할 수 있음은… 바로 햇빛을 사랑하는 그만큼일 것이고, 연인을 그리워할 수 있음은 제물(자연)의 씨앗을 한 알 한 알 사랑하는 그만큼일 것이리라. 선생님이 제자들을, 제자들이 선생님을 사랑할 수 있음은… 어린 사람들이 웃어른들을 사랑할 수 있음은… 다스리는 사람들('다스리다'는 '다 살리다'를 뜻함)이 세금을 꼬박꼬박 잘도 바치는 백성들을 사랑할 수 있음은… 바로 풀잎을-나뭇잎을 사랑하는 그만큼일 것이리라. 우리가 하늘이 내려주신 바 그대로 강물을 사랑하고, 냇물을… 샘물을 마실 물로 사랑할 수 있음은… 돈벌이 하는 상품이 아니라-물 한 방울 안에서 우주의 깊이를 깨달을 수 있을 그때에만 가능하리라 믿는다. 흙 한 줌, 모래 한 알, 돌멩이 하나… 의 깊이는 오늘도 힘겹게 살아가는 바로 '내 사랑의 깊이'인 것이리라.

  그래서 여기 한 웅큼의 울림글묶음(시집)『사랑의 깊이』는 한갓 보잘것없는 자연인(自然人)으로 살아가면서 내가 할 수 있는 제물(자연)에 대한 사랑의 깊이 전부이며, 이웃에 대한 사랑의 깊이 전부여야 한다. 여기에 쓰여진 모든 글자 한 자 한 자는 나에게 있어서 가장 아름답게 '오늘'을 살아내고자… 거침없이 숨을 내쉬고, 하루하루 힘겹게 목숨을 부지하면서 토해내는 '나'의 보드란 사랑과 넉넉한 평화의 절규이고, 소리없는 아우성인

지도 모른다.

　오늘은 아이들과 함께 고구마를 캤다. 맨살인 채로 흙바닥 위에서 가을햇살을 받고 있는 호박고구마며 밤고구마를 바라보면서 그들은 우리들에게 전부를 내주시는 겨울양식이기도 하지만… 하늘과 따앙, 사람-제물(자연)이 길러낸 사랑의 깊이이며 가을의 결실임을 깨달으면서… 보드란 흙을 새삼스레 다시 만져본다. 저녁해가 내려주시는 따스한 햇볕 아래서 보드란 살결로 출렁이는 『사랑의 깊이』를 다시 만난다.

　그래요. 오늘도 나는 사랑의 깊이로 이웃을 사랑해야지. 흙과 풀, 나무를 사랑해야지. 씨앗이란 모든 씨앗을 사랑해야지. 물 한 방울 우주의 깊이로… 사랑해야지… 다짐, 다짐한다.

　자연인(自然人)으로 살아가고, 자연을 그저 사랑하는… 또하나의 혁명, 사랑의 혁명을 이 작은 몸 안에서 자라나게 해야겠다고 정성 모은다. 아무쪼록 여기에 이렇게 묶여진 울림글다발이 고향땅 제주와 나, 우리 모두가 제물(자연) 안에서 사랑의 깊이로 한 묶음이 되어 평화의 날애 펴고 서로 손에 손잡게… 함께… 더불어… 모두, 모두 저 푸르디 푸르른 가을하늘을 한껏 날아도 좋겠다.

4344. 2011. 1월
선이골에서
다사함(金明植) 두손모음

● 다사함(金明植) 연보

詩人 다사함(金明植)이 걸어온 길

　다사함 金明植 선생은 1944년 애월면 하귀리 미수동에서 아버지 김용규, 어머니 김자인의 첫째아들로 태어났다. 하귀국민학교, 귀일중학교, 오현고등학교를 졸업하고 동국대 예수회 신학원, 선교교육원, 서강대학교에서 철학, 종교, 신학, 사상 등을 공부하였다.

　일본으로 건너가 노동대학과 국제기독교대학교 대학원(ICU: International Christian Univ.)에서 비교문화와 사회사상사를 공부하고, 대학원 박사 과정에서 비교언어, 국제평화사상과 Indian의 역사문화를 전공하여 여러 대학에서 강의를 한 바 있다.

　귀국하여 AALARI(아시아 아프리카 라틴아메리카 연구원)를 설립 운영하고, 1987년부터 제3세계를 한국에 소개하기 시작하였다.

　1990년 전국민족민주운동연합(전민련) 국제협력위원장을 역임하고 범민련 결성 및 제주 4·3 민중항쟁 자료집을 발간하였다. 이로 인해 국가보안법 위반 혐의로 옥고를 치렀다. 1991년

민주주의민족통일전국연합 자주통일위원회 위원장 및 국가보안법 철폐 범국민운동본부 집행위원장으로 활동하였다.

다사함 金明植 선생은 중·고등학교 때부터 문학에 관심을 가졌으며 1976년에는 일본「世界誌」에「십장의 역사연구」를 발표하여 긴급조치 9호 위반으로 3년 징역형을 받았다. 이후『실천문학』등 다양한 문학지에「평화시장」「광풍」「별」등 많은 작품을 발표하였다.

○ **시집**

『우리들의 봄은』(1983. 일월서각)
『제국의 굴레』(1986. 소나무)(일어, 영어판 출간)
『빛 가운데로』(1987. 일본정의평화협의회 바오로회 출판부)(일어판 출간)
『유채꽃 한아름 안아들고』(1989. 동광출판사)
『님은 이렇게 오더이다』(1989. 학민사)
『돌담 너머 태양은 떠오르고』(1989. 힘)
『낫과 호미』(1989. 눈)
『벼는 결코 자기 땅을 물러서지 않는다』(1990. 지양사)
『한라산-이 한목숨 이슬같이』(1992. 신학문사)
  -일본문학잡지『子午線』에 번역 소개.
『썩은 대지 위에 하얀 소금을 뿌린다』(1992. 힘)
『김명식 詩 100선-그리운 땅을 찾아서』(1993. 평화를 만드는

사람들)
『몸』(1993. 평화를 만드는 사람들)
『한락산에 피는 꽃들』(1994. 우리한몸)
『전사의 깃발 앞으로』(1994. 평화를 만드는 사람들)
『여울의 노래』(2007. 푸른나무)
『살아가면서(2)』(2008. 하나울림)

○ 저서

『지문 거부의 사상』(日本. 明石出版社)
『몸의 사상과 미학』(홍익재. 영인본)

○ 한글관련 저술

『몸의 나라 하늘말씀(1-23)』(한글사, 연재 중)
『나랏말쏘미 가림다한글(전4권)』(2010. 홍익재. 영인본)

○ 자료집

『제주민중항쟁』Ⅰ.Ⅱ.Ⅲ.(소나무)

○ 논문

「민중주체 평화연구」

「제3세계 민주화과정 연구」
「점령기 미국의 농업 정책 연구」

○ **잡지**

『통일문학통일예술』(1-6호. 발행 중)
『세계와 평화』(AALARI 기관지. 휴간)

○ **학습과정**

- 온누리 평화대학(다사함 평화아카데미)
- 통일문학 통일예술을 지향하는『통일문학통일예술 창작학교(선이골 동산숲 시인학교)』
- 가림다 한글학교(배움터)
- 자연 평화 교육원
- 한울씨올 배움터(우리 씨앗 지킴이)
- 몸 의학 연구소
- 한글 자립 대학원
- 다사함 영성대학원
- 다사함 소도경전대학원 등에서 일하고 있음.

○ **번역**

『예수라는 사나이』(한울림)

『전후 일본 보수정치』(한울림)
『동지를 위하여』(형성사)
『산을 움직인 여성 도이 타카코』(동문사)
『우리들의 희망 토콜로시』(소나무)
『마가복음과 민중해방』(사계절)

○ 1998년 이후 강원도 화천군 상서면 노동리 선이골에서 우리 씨앗, 자연평화, 우리말 우리글 지킴이 활동을 하면서 학교, 연구기관, 사회단체에서 강의 및 강연을 하고 있으며 자연 속에서 울림글(詩)을 쓰면서, 명상과 묵상에 전념하고 있다.